BLANKENESE

In Erinnerung an Karin Schröder, geb. Lüden (1941–2022)

BLANKENESE

WALTER LÜDEN

Fotografien 1949–1965

Herausgegeben von
JAN ZIMMERMANN

JUNIUS

UNTERWEGS MIT LEICA UND HASSELBLAD
DER FOTOGRAF WALTER LÜDEN SIEHT BLANKENESE

Als „Lichtbildner" findet man den Hamburger Fotografen Walter Lüden (1914–1996) im Hamburger Adressbuch der 1950er Jahre. Die Berufsbezeichnung „Fotograf" war noch bis zum Jahr 2004 geschützt, und nur der Abschluss einer Ausbildung vor der Handwerkskammer erlaubte es, sie zu führen. Wer dennoch professionell mit Fotografie sein Geld verdienen wollte, konnte sich also Lichtbildner nennen – was mehr nach künstlerischer Bildgestaltung klingt als das sprödere „Fotograf". Walter Lüden hatte als Amateurfotograf in den späten 1920er Jahren begonnen. Die Anschaffung einer Leica Mitte der 1930er Jahre war ein wichtiger Schritt auf dem Weg zum professionellen Fotografen. Bildvorträge von Paul Wolff, dem bekanntesten aller Leica-Fotografen, hatte Lüden schon als Jugendlicher besucht. Der Krieg unterbrach die Laufbahn mit der Kamera; erst nach dem Ende des „Dritten Reiches" begann Lüden sein Geld mit Fotos zu verdienen: für eine Bildagentur, das *Hamburger Abendblatt*, *Merian*. Firmen beauftragten ihn mit Werkfotos, Hafen und Flughafen bildeten häufige Bildthemen, viele Aufnahmen nutzte die Fremdenverkehrszentrale.

Neben Hamburg-Broschüren veröffentlichte Lüden zusammen mit Textautoren eine Reihe von kleinen Bildbänden zu weiteren Orten: über Berlin und Köln, Sylt, Föhr und die Halligen, über Wildbad im Schwarzwald. Abgesehen von Publikationen über den Hafen entstand dabei nur ein Bändchen über eine begrenzte Region in Hamburg, erschienen 1952 in Krögers Verlagsanstalt: *Blankenese. Das Kleinod zwischen See und Hafen*, mit Texten des in Ottensen aufgewachsenen Schauspielers und Schriftstellers Franz-Rudolf Eckardt. Lüden stammte zwar nicht aus Blankenese, wohnte aber zu dieser Zeit in Iserbrook und damit nicht weit entfernt. Seit 1949 führten ihn Spaziergänge häufig nach Blankenese und Nienstedten (letzteres ist in diesem Buch mit Fotos aus dem Hirschpark vertreten, die Nienstedtener mögen die kleine Grenzübertretung verzeihen). Von 1957 bis 1965 wohnte Walter Lüden mit seiner Familie im Strindbergweg, somit in Blankenese, wenn auch nicht wassernah. Im letztgenannten Jahr fertigte er neben anderen Hamburg-Fotos schließlich auch einige Farbdias von Blankenese. Dann zog er nach Föhr und schloss mit der Hamburg-Fotografie weitgehend ab.

Seit seinem Tod aber stehen seine Negative wieder in Blankenese, und diesmal weitaus näher an der Elbe, am Strandweg. Denn Karin Schröder, Walter Lüdens ältere Tochter, hat dort den Nachlass ihres Vaters betreut und die rund 5000 Filme verzeichnet. Nur mit ihrer Vorarbeit war es dem Herausgeber 2014 möglich, einen großen Hamburg-Bildband mit Lüdens Aufnahmen aus den Jahren von 1947 bis 1965 zusammenzustellen. In dessen Folge steht dieser Band, der Blankenese von seinen schönsten Seiten zeigt. Architektur und Natur haben Walter Lüden gleichermaßen als Bildsujet interessiert, und Blankenese bot ihm wie kein anderer Ort beides: vom Fischerhaus, das sich an den Hang schmiegt, bis zum vornehmen Landhaus, vom gestalteten Garten bis zum urwüchsigen Baumbestand. Vor allem aber sind es immer wieder die Elbe und der hohe Himmel, die Geschäftigkeit am und auf dem Wasser, die Segelboote und die Schiffe, die den Fotografen gereizt haben. Der Elbe war Lüden ganz besonders zugetan, einen wichtigen Teil seines Werks machen die Fotos vom Hafen aus. Die Schiffe, die Blankenese elbab- und elbaufwärts passieren, gehören in diesen Kontext. Sie haben ihn mehr interessiert als das Alltagsleben links und rechts der Blankeneser Bahnhofstraße. Das muss man aus heutiger Sicht bedauern, denn in der Innenstadt, in Altona und Ottensen hat Walter Lüden mit der Leica viel Straßenleben dokumentiert. Den Wert der vorhandenen Fotos mindert das aber nicht, zeigt es doch das Blankenese, das einfach unwiderstehlich ist.

JAN ZIMMERMANN

Der Krieg ist lange zu Ende, aber er ist noch nicht außer Sicht. Wo der Blick von Baurs Park in die Weite südlich der Elbe geht, streift er auch über Wracks, die noch 1949 im Wasser ruhen. Den wieder zunehmenden Verkehr auf dem Fluss stören sie kaum, aber es wird Zeit, sie zu heben, bevor der Schlick sie nicht mehr freigibt.

Dockenhuden, im Kaiserreich eine beliebte „Sommerfrische“, ist erst seit 1919 ein Teil Blankeneses. An der Brücke machten die Ausflugsdampfer mit den Gästen des „Elbkurhauses“ fest. 1949 ist die Brücke von Wasser und Eis zerstört. Im selben Jahr sammelt ein Junge Holz am Strand, vielleicht als Brennholz – der kalte Hungerwinter 1947/48 ist noch nicht vergessen.

LANDUNGSBRÜCKE DOCKENHUDEN

Es sind noch viele Seemeilen bis zur Nordsee – aber manchmal scheint auch Blankenese am Meer zu liegen: Wenn der Wind kräftig aus Südwest bläst, schlägt die Brandung an den Strand und das Uferwerk. Sonst versteckt sich die Kraft des Flusses in der Strömung, im Sturm aber wird sie sichtbar (oben 1949, rechts 1955).

Die Hamburger erobern Blankenese, das seit 1938 einer „ihrer" Stadtteile ist. Das Auto spielt Anfang der 1950erJahre erst eine Nebenrolle. Man nimmt die HADAG-Fähre und steigt bequem am Anleger „Op'n Bulln" aus. Auf Schienen ist Blankenese über die Vorortbahn von Altona aus zu erreichen – eng wird es an warmen Sonn- und Feiertagen. Ob per Fähre oder Zug: In beiden Fällen erreicht und verlässt man Blankenese „unter Dampf" (oben 1952, links 1951).

Blankenese ist für viele der Heimathafen, auch wenn es keinen Hafen gibt. Wasserfahrzeuge sind dennoch in vielfältiger Form zu sehen. Fischerei, einst Blankeneses wichtigste Erwerbsquelle, hat keine Bedeutung mehr, aber am und auf dem Wasser gibt es immer etwas zu tun, für das ein schwimmender Untersatz gefragt ist (oben 1958, rechts 1951).

JAN

Wie ein Bühnenbild, mit mehreren Tableaus in der Tiefe gestaffelt – eine Szene aus dem Jahr 1961: im Hintergrund, verschwommen im Dunst, der Höhenzug westlich von Harburg, davor das dunkle Ufer. Das Bild durchquerend eine lange Reihe von Einer- und Zweierkajaks. Unbeeindruckt davon die Jollensegler im Vordergrund – aber ob der Wind heute genügend Kraft hat?

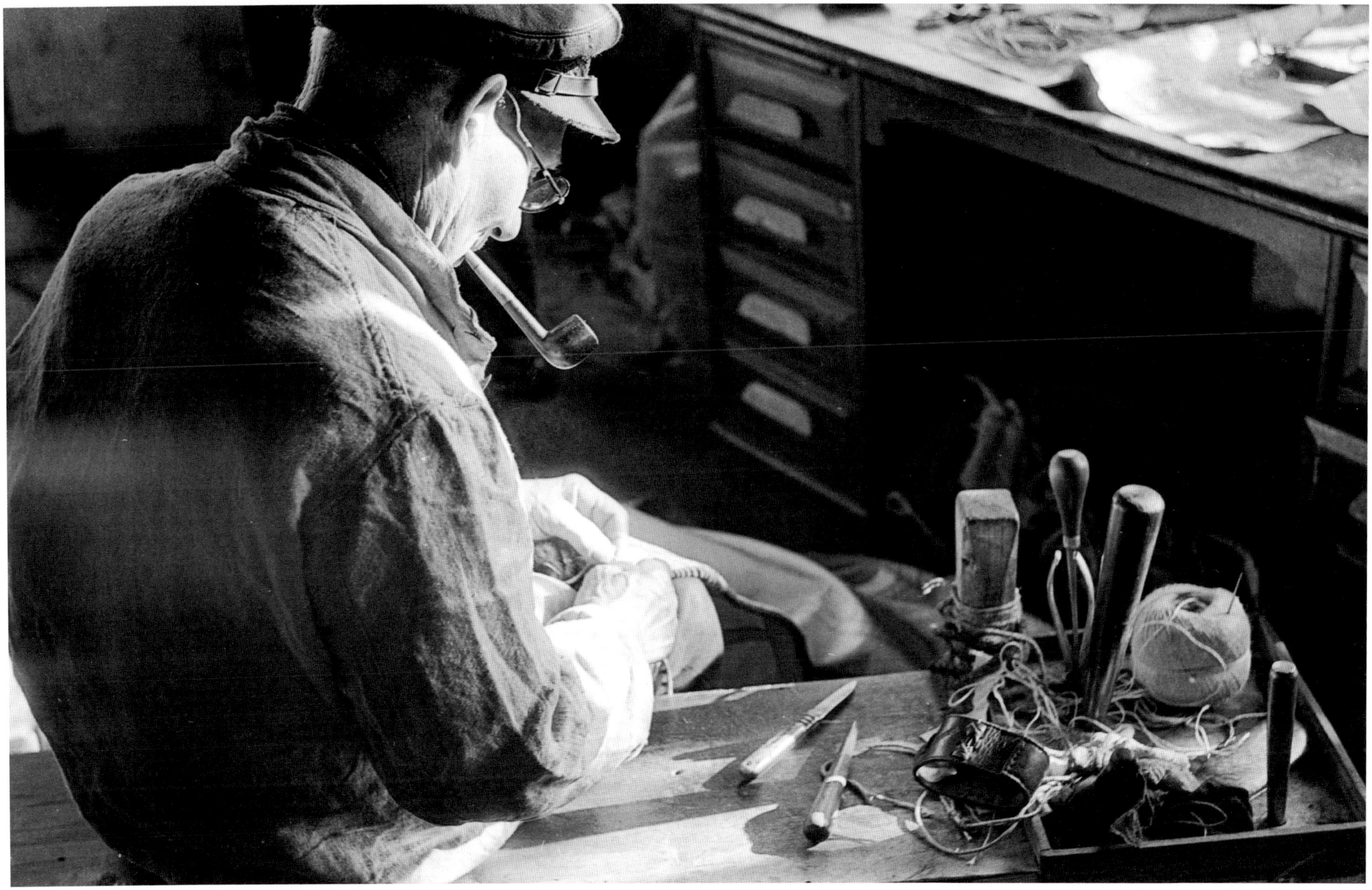

Frühjahr 1952: Noch liegen die Boote an Land. Zeit, sie vorzubereiten für die neue Saison. In der Bootswerft von Jürgen Schuldt am Strandweg 97 stehen Holzarbeiten an einer kleinen Jacht an – Handarbeit mit Handbohrer. Segelmacher Hein Schlesinger lässt sich nicht aus der Ruhe bringen. Die Pfeife ist gestopft, und das Segel wird rechtzeitig fertig werden.

Beobachtende beim Beobachten fotografieren: eine typische Szene für Walter Lüden. Wie hier 1949 im Hirschpark. Vom Fluss ist nichts zu sehen – was die Menschen in den Fokus der Aufnahme rückt. Was sehen sie, was wir nicht sehen? Und auf was zeigt die Frau?

Von der „kriegswichtigen“ Rolle, die der klassizistische Katharinenhof in Baurs Park gespielt hat, ist nichts mehr zu sehen: Das Luftgaukommando, das hier seinen Sitz hatte, gibt es nicht mehr. Auch vom Gemüseanbau der Nachkriegszeit zeigt Lüdens Foto von 1952 nichts. Suchen muss man die Kriegsspuren auf dem Foto von 1949 (rechts): Hinter dem Baum links sind Wracks in der Elbe auszumachen.

Spazieren im Hirschpark: Walter Lüden hat die Kamera immer dabei. 1949 nimmt er das Witthüs auf, das zu dieser Zeit aber nicht sonderlich weiß erscheint. In der Lindenallee lässt Lüden 1951 die Frauen und Kinder, mit denen er auf dem Spaziergang ist, hin- und hergehen, so dass es von dieser gestellten Szene Vorder- und Rückenansichten gibt.

Weit weg ist man hier von den Geschäften der großen Stadt – die in den 1950er und 1960er Jahren noch viele Kriegsnarben trägt. In Goßlers Park (oben links, 1951), im Hessepark (oben rechts, 1952) und im Hirschpark (rechts, 1961) lässt sich der Lärm der Stadt gut vergessen. Und beim Spaziergang kann man sich zumindest eine Weile lang wie ein Großbürger fühlen, denn die Parks stehen längst für alle offen.

Die Bäume im Hirschpark haben den Fotografen immer wieder fasziniert – vor allem in kahlem Zustand und bei dunstigem Licht. Wo sich die Buchen an den Hang klammern, sind weder Stadt noch Fluss zu erahnen. Es ist die wilde Seite eines vielfältigen Parks, der hier mehr Wald als gezähmte Natur ist.

Über zwei Kilometer breit ist die Elbe bis Cranz und Neuenfelde. Ein Frachter in der elegant-dynamischen Schiffsarchitektur der 1950er Jahre gleitet zwischen Blankenese im Vorder- und dem Mühlenberger Loch im Hintergrund vorbei. Zur Krönung des Bildes türmen sich die Wolken auf (1957).

Ob oben vom Süllberg oder unten am „Bulln“: Der Blick auf die passierenden Schiffe ist überall bestens. Shipspotting in Blankenese mit Kaffee und Kuchen – da hat man am nächsten Tag den Daheimgebliebenen etwas zu erzählen (oben 1959, rechts 1958).

OP'N BULL'N
HB 42

Ein Foto der Blankeneser Bahnhofstraße war 1952 Pflicht für Walter Lüden, denn in der hier ansässigen Verlagsanstalt Kröger, die auch die *Norddeutschen Nachrichten* herausgab, erschien das Büchlein mit seinen frühen Blankenese-Aufnahmen. Ansonsten hatte Lüden, leider, kein fotografisches Interesse an den Straßen des Stadtteils.

Norddeutsche
Küchengeräte - Stein
Norddeutsche Nachrichten
Norddeutsche Nachrichten
HAUSSTANDS WAREN

Häuser im Treppenviertel – lange nicht alle stehen mehr unter Reet. Und nicht alle würden anderswo Gefallen finden. Aber hier fällt es leicht, auch ein Häuschen unter Dachziegeln zu würdigen. Pittoresk, könnte man sagen. Für Kinder bieten sich Treppen und Freiflächen zum Spielen an – Autos sind hier die Ausnahme (1951).

Hoch hinaus im Hirschpark (Nienstedten) – die Kinder von Walter Lüden auf einem Klettergerüst. Den Spielplatz gibt es auch heute, nahe dem Französischen Garten. Im Jahr zuvor hat Walter Lüden in einer gestellten Szene drei Blankeneser Kinder am Elbstrand aufgenommen – nicht ahnend, dass der Junge rechts später einmal sein Schwiegersohn wird (links 1951, oben 1950).

Sie sind der Kontrast zu den noblen Landhäusern des reichen Bürgertums – und dokumentieren das Blankenese, das von den Städtern noch unentdeckt war. Sicher vor dem Hochwasser der Elbe, mit Fachwerk und Reet, hangelten sie sich seit jeher den Hang hinauf. Und breite Straßen – die brauchten die Fischerfamilien nicht (1952).

So glatt und sauber wie auf der vorangehenden Seite wurde der Backstein erst im 20. Jahrhundert. Entweder zeigte er bis dahin eine raue Oberfläche in Rot – oder war hell geschlämmt. Das Haus am Strandweg kuschelt sich an das Restaurant „Zum Bäcker", seit 1952 geführt vom Gastwirt Walter Böhme (oben 1951, rechts 1959).

Über den grünen Einschnitt „Am Hang“ hinweg wandert der Blick durch das Treppenviertel. Vielfältig, verschachtelt, verwirrend. Alles reckt sich zur Sonne, alle wollen den Blick auf den Fluss. Auszumachen ist rechts das Haus Op'n Kamp 6, mit dem markanten Eckturm. Die Häuser im Hintergrund ganz links stehen an Ingwersens Weg (1963).

Die Ecke von Schulten Immenbarg und Süllbergsweg ziert ein schmucker Kiosk. Den findet man heute dort nicht mehr – aber die Pilzleuchte spendet an dieser Stelle ihr Licht wie ehemals. Technik der 1950er Jahre, solide und nachhaltig wie das eiserne Treppengeländer unten rechts, das ebenfalls unverändert zu finden ist (1962).

Über dem Treppenviertel und unter dem Himmel – wohnen kann hier nicht jeder, aber das Spazieren ist (wie oben auf der Elbterrasse) frei und Schiffeschauen inklusive. Studieren lässt sich beim Auf und Ab der Einfallsreichtum der Besitzer und Bewohner, dem begrenzten Platz Balkone und Terrassen für das Freiluftleben abzutrotzen (oben 1961, rechts 1963).

Es ist der erste Sommer der neuen Bundesrepublik (1949, oben). Hamburg zieht es an den Strand, der zu dieser Zeit auch östlich vom „Bulln" das Ufer bildet – den Jollenhafen gibt es noch nicht. 1951 blickt Walter Lüden auf die Strandszenerie zwischen „Bulln" und der Slipanlage des Blankeneser Segel-Clubs – ein Kinderparadies.

BLANKENESER SEGEL-CLUB

Die Zeit hält inne an der Buhne vor dem Strandweg, die auch auf der vorigen Seite auszumachen ist. Die Kinder in Badezeug, die Eltern im Sonntagsdress. Eine Schaufel, ein Reifen, ein Fahrrad – eine überschaubare Zahl an Dingen. Wasser, Sand und Spiel genügen, um glücklich zu machen (1949).

Noch haben die Deutschen nicht begonnen, die Strände des Südens zu erobern. Erst muss das Wirtschaftswunder Fahrt aufnehmen. Die Kinder, die Lüden mit seiner Leica fotografiert, haben noch keine Vorstellung von fernen Gestaden. Für sie ist der Strand von Blankenese vorläufig *der* Strand (1949).

Ende der 1950er Jahre bietet der Strand mehr als nur Sand. Liegestühle – mit Dach – und Strandkörbe sind im Sommer 1958 gut besetzt. Andere Erholungsuchende stehen vielleicht im Stau, um an die Lübecker Bucht zu gelangen. Wozu? – denkt man sich in Blankenese. Ist doch die Ausrichtung zur Sonne perfekt und der Weg hierher nicht weit.

1959 treten die „Bergziegen" ihre Arbeit an – Kleinbusse vom Typ Mercedes Benz O 319, die für die engen Kurven des Treppenviertels wie gemacht sind. Mit dem Panoramadach kommen sie dem Ausflugsverkehr an den Wochenenden entgegen – man will ja was sehen, wenn man nach Blankenese kommt. Zu sehen gibt es auch Werbung – zum Beispiel für „Photo Scheel" in der „Mö" (1959).

trink
Coca-Cola
das tut
wohl

Die rustikale Gastronomie am Strandweg 79 hat Tradition. Eine Riesenbockwurst mit Kartoffelsalat und danach eine gute Tasse Kaffee – was will man mehr? Eine Ansichtskarte? Ja, genommen. Und vielleicht noch einen Strandkorb mieten für das Nachmittagsnickerchen (oben 1963, rechts 1959).

Fischerfrauen werden sie wohl nicht mehr werden, die Mädchen am Strand – das Fischerdorf wird historisch, der Beruf verliert in Blankenese an Bedeutung. Aber dem Fluss bleiben die Mädchen verbunden, liegt dort doch der schönste Spielplatz mit den besten Aussichten (oben 1951, rechts 1949).

Licht auf dem Wasser, an jedem Tag und zu jeder Stunde anders. Es strukturiert, es pointiert das Bild. Walter Lüden fotografiert das Zusammenspiel immer wieder, denn er weiß, wie die Faszination für das Licht auf dem Wasser, ob stillem oder bewegtem, das menschliche Auge fesselt (oben 1959, rechts 1949).

Hoch über der Elbe, ein Park mit Theater. Der Römische Garten, ein grünes Stück Italien an der Elbe, privat geschaffen und 1951 von der Familie Warburg der Stadt zum Geschenk gemacht. Das rasengedeckte Amphitheater benötigt keine Scheinwerfer, die Sonne genügt. Gegen zu viel Sonne hilft ein Schirm – oder ein Hocker (oben 1958, rechts 1960).

Der Römische Garten vereint Ruhe und Bewegung. An der geschwungen geschnittenen Hecke erkennt man den Park sofort. Lüden setzt sie wiederholt als gestaltendes Element ins Bild, schräg für eine besondere Dynamik im Bild, quer zur Betonung von ruhender Eleganz (oben 1958, rechts 1963).

Der Hafen brummt wieder, die Werften haben Hochbetrieb. Frisch auf Fahrt geht die *Worms* der HAPAG, gebaut 1959 bei den Howaldtswerken. Ein Jahrzehnt älter ist die norwegische *Oslofjord*, die dem Hamburger Hafen während einer Kreuzfahrt einen Besuch abgestattet hat. Ihr scheinen auch die Autos wehmütig nachzuschauen (oben 1959, rechts 1956).

Sonne genießen auf dem Vorplatz des „Bulln“, an einem Frühjahrstag im Jahr 1952. Der Weg hier entlang: genannt Lästerallee. Denn es müssen alle vorbei, die mit der Fähre kommen oder mit ihr abfahren. Lüden beobachtet die Beobachter, von denen einige ihre neugierigen Augen hinter modischen Sonnenbrillen verbergen.

Der Süllberg mit der Turmspitze ist Blickfang auf vielen Fotos, ganz natürlich richtet sich die Perspektive am Hang und seiner Bekrönung aus. Gefordert ist der Fotograf, wenn er so ein Standardmotiv variieren will. Die Hamburg-Flagge am Schiffsheck und das emporgezogene Fischernetz bereichern die Fotos inhaltlich und gestalterisch (oben 1950, rechts 1949).

Blankenese macht sich bereit für die Sommersaison 1952. Die Bäume sind grün, Kinder können schon in kurzer Hose und Unterhemd ans oder auf das Wasser. Boote werden klargemacht, die Bänke auf dem Vorplatz zum „Bulln“ sind voll besetzt, und auch auf der Terrasse des Gasthauses „Zum alten Zollhaus“ herrscht bereits reger Betrieb.

Eine Bootspartie nach Neßsand, Blankenese ist nicht weit und von hier aus doch schon wieder fern. Die Insel ist erst im Zweiten Weltkrieg durch Aufschüttung entstanden – und damit jünger als der Ausflugsdampfer *Franz Lehar*, der 1928 in den Niederlanden vom Stapel gelaufen war. Von 1949 bis 1966 ist das Schiff auf der Elbe zuhause (oben 1958, rechts 1961).

FRANZ LEHAR

Ausflug mit Kapitän Hildebrand – wenn da 1949 mal nicht so mancher seekrank geworden ist auf dem kabbeligen Fluss. Aber die gute Sonntagslaune lässt sich davon keiner verderben. Die grauen Nachkriegsjahre gehen über in ein Jahrzehnt des Aufschwungs und Aufbaus.

Walter Lüden hat es nicht nur ans, sondern auch aufs Wasser gezogen. Seit 1949 fotografiert er Segelszenen vor Blankenese, er begleitet die Regatten vom Ufer aus, aber auch auf den Begleitbooten. Dynamik, Lichtstimmung, Wasser und Boote in Bewegung ergeben ein eigenes fotografisches Sujet. Fehlt nur das Himmelsblau (oben 1959, rechts 1949).

Umfangreich ist die Fotoserie, die Lüden 1949 von einer Regatta des Blankeneser Segel-Clubs fertigt. Das Segeln ist das eine, die Szenen auf den Begleitbooten das andere. Wieder hält er auch die Beobachtenden fest, porträtiert junge und alte Segelfreunde. Letztere sind ganz entspannt und genießen ihre Pfeifen.

H
323

Von Funktionskleidung ist 1958 noch keine Rede. Segeln kann man auch mit Hemd und Krawatte – vor allem, wenn die Sonne scheint und es nur um einen kurzen Schlag am Sonntag geht. Vom „Bulln" aus lichtet Lüden die jüngeren Segler ab, die mit gesetzten Segeln vor dem alten Clubhaus des Blankeneser Segel-Clubs im Sonnenschein paradieren.

G 35
G 33
H 340
G 763
BLANKE

Vor der Slipanlage des BSC liegen 1961 drei der vier Jugendkutter des Vereins: *Kommerzienrat Hans Breckwoldt*, *Viet* und *Onkel Hanne*. Boote für den Nachwuchs auf dem Wasser, in Bewegung gesetzt mit Riemen oder Segeln. Die beiden letztgenannten Namen tragen heute zwei in den 1980er Jahren gebaute Kutter des BSC.

BLANKENESER SEGEL-CLUB
VIET
BSC
ONKEL HANS
B S C

Schwimmendes Gewimmel zwischen dem Strand und dem „Bulln“: Mehr als ein Dutzend Jollen macht sich auf, die offene Elbe zu erobern. Die Segel sind gesetzt, die Zuschauer auf dem „Bulln“ gespannt. Koordination und Armmuskeln sind gefragt beim Rudertraining im Jugendkutter *Viet* (oben 1958, rechts 1955).

Die Kleinen müssen schieben, damit das Boot freikommt, während die Großen das Kommando haben. Aber so ist das in der Seefahrt, in der sich jeder hochdienen muss. Sehr ungewöhnlich für ein Segelboot ist die Nixe als Galionsfigur. Oder doch nicht? Schon Georg Philipp Telemann ließ in seiner Wassermusik *Hamburger Ebb' und Fluth* von 1723 Najaden in der Elbe spielen (1960).

Der Blankeneser Jollenhafen wird erst ein Jahrzehnt später entstehen, bis dahin bleibt es vor allem bei Niedrigwasser ein mühsames Unterfangen, die Boote aus dem Wasser zu holen, über den Schlick bis zur Slipanlage. Aber gemeinsam anpacken stärkt ja die Gemeinschaft (1958).

Den grafischen Reiz des Zauns unterhalb von Baurs Park, mit dem Schattenspiel auf dem Elbuferweg, fängt Walter Lüden wiederholt ein. Kastanienblätter rahmen die Szenen. Im Rampenlicht der Sonne gleiten die Schiffe vorbei, elbaufwärts, elbabwärts (oben 1952, rechts 1951).

Die *Italia* zieht vorbei. Gebaut 1928 bei Blohm & Voss, nach Jahren als Kreuzfahrer und Truppentransporter, fährt sie seit 1952 unter der Regie der HAPAG und ist häufig auf der Elbe zu sehen. Der schwedische Stückgutfrachter *Uddeholm* kreuzt die Bäume am Elbufer – die Container, die sich bald durchsetzen werden, haben ihren Siegeszug gerade erst begonnen (oben 1958, rechts 1960).

UDDEHOLM

Die Sonne steht im Westen, es wird Zeit, nach Hause zu fahren. Der „Bulln“ ist voll, alle wollen an Bord. Sehr viel entspannter geht es an einem Morgen an der Fähre nach Cranz zu. Die Schornsteinmarke zeigt die Schlüssel der traditionsreichen Hamburg-Blankenese-Este-Linie; nach dem Eiswinter 1962/63 wird die HADAG die Linie übernehmen, die Marke bleibt. Im Hintergrund naht die *Jan Molsen* mit Ausflüglern (oben 1951, rechts 1955).

Walter Lüden ist auf einen der Pfeiler auf dem „Bulln" geklettert (siehe Foto Seite 13), um die Abfahrt der Fähre nach Cranz zu fotografieren. Die diagonalen und geraden Linien von Anleger, Passagieren und Horizont rahmen die Kurve der Fähre und ihres Fahrwassers ein – eine Aufnahme von großer bildgestalterischer Kraft (1958).

Mehr lässt sich in einem Bild nicht zeigen: Walter Lüdens Aufnahmen aus dem Jahr 1961 ziehen Wasserfahrzeuge aller Größen zusammen. Offensichtlich ist es ein schöner Tag, und alle wollen aufs Wasser. Dabei: Kajaks, Jollen, ein Jugendkutter des BSC. Unbeeindruckt vom Gewimmel passiert die *Santa Isabel* der „Hamburg Süd" den Anleger auf ihrem langen Weg nach Südamerika.

3

Diesmal fährt der Fotograf selbst mit: Über den Bug der von Cranz kommenden Fähre richtet er das Objektiv auf Blankenese, während ihn die junge Frau skeptisch mustert. Vom Heck einer Fähre nimmt Lüden die *Niendorf* auf, eine 1959 gebaute HADAG-Fähre mit den typischen Rundungen. Heute fährt sie als *Grevelingen* in den Niederlanden (1961).

Damen
DAMEN-
TOILETTE
NIENDORF

Wieder der Blick von einem der gemauerten Pfeiler, diesmal in Richtung Westen, wo das Licht der Nachmittagssonne auf dem Wasser glänzt. Und wo die Schornsteine des neuen Heizkraftwerks Wedel in die Höhe wachsen. Eine Tafel am Unterstand macht aufmerksam: Hier findet man „Rettungsgeräte, dem Schutze des Publikums empfohlen" (1961).

Hamburg

Sie ist noch zu klein, um mit dem Fernrohr den Schiffen nachzuschauen. Und Sterne sind bei Sonnenschein auch nicht zu sehen. Außerdem braucht man ja auch noch eine Münze. Die stehend und angelehnt Wartenden haben ihre metallenen und hölzernen Pendants im senkrechten Signalhorn und dem geneigten Dalben (oben 1961, rechts 1958).

Ein nach klassischen Prinzipien komponiertes Foto, alle Linien laufen in einem Fluchtpunkt zusammen. Der liegt bei Wedel. Ein auslaufender Stückgutfrachter hat den „Bulln" passiert und ist auf dem Weg Richtung Nordsee. Alltag am Anleger, auch wenn heute vielleicht ein Sonntag ist (1961).

BLANKENESE
dem Schutze
des Publikums
empfohlen

Weit geht am hohen, nadelbaumbestandenen Falkenstein der Blick in die Ferne. Nein, das Meer ist hier noch nicht zu sehen, auch wenn der Fluss sich im Horizont aufzulösen scheint. Links oberhalb des Schiffs zeigt sich der Neßsand, der zu dieser Zeit noch nicht mit dem weiter westlich liegenden Hanskalbsand verbunden ist (1955).

Die Temperaturen sind stark gefallen, die Elbe ist mit Treibeis durchsetzt. Für die Frachtschiffe kein Hindernis – da muss schon mehr passieren. Walter Lüden nutzt den Dunst, der das Sonnenlicht mildert und die Kontraste reduziert. Die Jungen interessieren sich mehr für das Eis als für den englischen Frachter mit Heimathafen Liverpool (1956/57).

Kleine Schiffe bekommen im Eis schneller Mühe als die großen Pötte. Kutter *Marianne* (siehe auch Seite 15) liegt fest, der alte Schlepper *Windspiel* lockert das dichter werdende Eis am Anleger. Einen frostigen Arbeitsplatz haben die Männer in der Nussschale (oben 1951, rechte Seite 1954).

Die große Zeit der Polarforscher ist vorbei, aber so tun, als sei man einer, das können die Blankeneser Jungs. Und so wird die Elbe zum Abenteuerspielplatz, die Scholle zum Schiff, das Flusswasser zum Eisberg. Aber gut, dass man abends wieder zuhause ist und ein warmes Bett hat (links 1954, rechts 1951).

Rutschiges Vergnügen am Strand – wie man sieht, lädt die Eisbahn jeden und jede ein, Schwung zu holen und fast bis zum Fluss zu schliddern. Im Februar 1954 ist die Elbe weitgehend zugefroren, das erste Mal seit dem Hungerwinter 1946/47. Die Schiffe machen sich rar.

Das gibt's nur einmal und nur in Blankenese. Rüschen mit der Kreek, einem flachen Kastenschlitten, in der Spur gehalten von einer Latte, am besten einem ausgedienten Jollenmast. 1955 dokumentiert Lüden das rasante Winterspektakel, für das es nur eine Bahn gibt – in Schinckels Park.

Viele Begriffe beim Rüschen sind dem Segellatein entnommen – kein Wunder, sind die Protagonisten doch dieselben, die man im Sommer auf dem Wasser sieht. Auf der vorderen Kreek sitzen Vorschoter und Steuermann im Doppelpack. In diesem Fall fahren sie zusammen mit einer weiteren Kreek, was „Maschop" genannt wird.

Der Fluss steht still, aber nur scheinbar. Unter dem Eis ist immer Bewegung, Stillstand gibt es dort nicht. Auch das Schiff steht nur auf dem Foto still. Wo sonst fast immer Menschen unterwegs sind, ist der Fotograf diesmal allein. Der Anleger ruht, der nächste Frühling wird kommen und mit ihm viel Betrieb (oben 1951, rechts 1954).

Einen fast alpinen Eindruck erweckt das einstige Fischerdorf an einem Wintertag im Jahr 1961. Links erhebt sich der Süllberg über dem schneebedeckten Strand, rechts kratzen über der Terrasse von „Sagebiels Fährhaus“ die kahlen Bäume am Himmel. Wunderbares Wetter für einen Sonntagsspaziergang.

Im Römischen Garten knirscht der Schnee – und von unten hört man den Schiffsdiesel tuckern. Lieber hierbleiben oder lieber mitfahren? Blankenese macht es einem nicht leicht, bietet doch beides ein besonderes Wintervergnügen (1959).

Auf dem Spaziergang in Nienstedten: Unter dem Bogen geht es hinein in die Lindenallee im Hirschpark. Lüden fotografiert sie zu jeder Jahreszeit (siehe auch Seite 25), hier im Jahr 1964. Die im 17. Jahrhundert gepflanzten Linden ertragen es gleichmütig, sie haben schon Generationen von Besuchern und Bewunderern kommen und gehen sehen.

Der Hirschpark lässt sich dank seiner Größe an manchen Stellen als freie Natur empfinden, dabei ist alles in mehreren Jahrhunderten gestaltet und gepflegt worden. Das Damwild trägt seinen Teil zum Natureindruck bei. Die freistehende Eiche wird im winterlichen Kontrast von Schwarz und Weiß zum grafischen Kunstwerk (oben 1954, rechte Seite 1955).

Es ist still im Treppenviertel von Blankenese, es ist still im Hirschpark in Nienstedten. Schnee und Eis bedecken die Dächer der Fachwerkhäuser. Und auch die Zeit ist eingefroren, an seinem Ende nimmt sich das Jahr eine große Ruhepause (oben 1951, rechts 1955).

Die Osterfeuer am Elbstrand – wie hier im Jahr 1959 – sind schon in den 1950er Jahren eine Tradition. Viele kommen extra mit der S-Bahn, um das christlich-heidnische Ritual im beginnenden Frühjahr zu erleben. Jährlicher Wettstreit: Wer hat das größte Feuer? Die „Mühlis" am Mühlenberger Strand in Nienstedten oder die „Knüllis" in Blankenese am „Knüll" neben dem „Bulln"?

Wenn das Tuckern der Schiffsmaschine nicht mehr zu hören ist, wird es still. Abend an der Elbe, die Tagesgäste sind fort, die Blankeneser haben den Strand für sich. Jetzt liegt das einstige Fischerdorf wieder abgeschieden von der großen Stadt, so wie in allen Jahrhunderten zuvor (links 1961, oben 1957).

Junius Verlag GmbH
Stresemannstraße 375
22761 Hamburg
www.junius-verlag.de

Design, Layout & Satz: Benjamin Wolbergs

Druck und Bindung: Passavia Druckservice GmbH & Co. KG

Herausgeber: Jan Zimmermann, geb. 1965 in Hamburg, Historiker
und Fotohistoriker, betreibt in Lübeck die Bildagentur Vintage Germany.

Printed in Germany
1. Auflage 2022
ISBN 978-3-96060-562-1

Die Deutsche Nationalbibliothek verzeichnet diese Publikation in der
Deutschen Nationalbibliografie, detaillierte bibliografische Daten sind im
Internet über http://dnb.dnb.de abrufbar.